诸神黄昏

THE LAST DANCE

流年 ▷ 著   直笔体育百科系列

2022

谢幕

北京时代华文书局

图书在版编目（CIP）数据

诸神黄昏 / 流年著 . — 北京：北京时代华文书局，2022.9（2022.10 重印）
ISBN 978-7-5699-4596-6

Ⅰ. ①诸… Ⅱ. ①流… Ⅲ. ①足球运动－优秀运动员－列传－世界－现代
Ⅳ. ① K815.47

中国版本图书馆 CIP 数据核字 (2022) 第 141412 号

拼音书名 | ZHUSHEN HUANGHUN

出 版 人 | 陈　涛
选题策划 | 董振伟　直笔体育
责任编辑 | 马彰羚
责任校对 | 陈冬梅
装帧设计 | 严　一　迟　稳
责任印制 | 訾　敬

出版发行 | 北京时代华文书局 http://www.bjsdsj.com.cn
　　　　　北京市东城区安定门外大街 138 号皇城国际大厦 A 座 8 层
　　　　　邮编：100011　电话：010-64263661　64261528
印　　刷 | 小森印刷（北京）有限公司　010-80215073
　　　　　（如发现印装质量问题，请与印刷厂联系调换）
开　　本 | 787 mm×1092 mm 1/16　　　印　张 | 5　　字　数 | 113 千字
版　　次 | 2022 年 9 月第 1 版　　　　　印　次 | 2022 年 10 月第 3 次印刷
成品尺寸 | 185 mm×260 mm
定　　价 | 39.90 元

本书图片由视觉中国提供。

青春谢幕，诸"神"黄昏的离歌

2022年卡塔尔世界杯。

它注定是一个新时代的开始，也注定是一个旧时代的终结。

被终结的，是一个诸"神"并立的黄金时代。

自从足球这项运动诞生以来，还没有哪个时代能像这个时代般巨星林立，"神迹"遍地。

"神"，那些"足球之神"。

"神"，以前当然也存在过，甚至可能更伟大。

我们还能从斑驳的影像里沐浴贝利、马拉多纳、贝肯鲍尔、克鲁伊夫、普拉蒂尼等巨星的光辉，我们还记得彩色电视机里那个如梦似幻的"法兰西之夏"，以及罗纳尔多、齐达内、贝克汉姆、欧文等一个个响亮的名字。

"神"，这个时代的众"神"，离我们如此之近。

C罗、梅西、本泽马、莱万多夫斯基、内马尔、伊布拉希莫维奇、贝尔、莫德里奇、苏亚雷斯、诺伊尔……我们看着他们从十八九岁的毛头小伙，一步步地"打怪升级"，"修炼成仙"，登上职业生涯的巅峰，最终成为足球世界的"主宰"。我们亲眼见证了他们长达十余载的"封神之路"，所以，他们对我们来说，不像贝利、马拉多纳、克鲁伊夫那样是"高高在上的神"，而是我们最为熟悉、亲切的"足球之神"。

然而，我们赞叹、称颂的这个"众神降临"的时代快要结束了。

岁月如歌，但又最是无情。不知不觉间，C罗37岁了，莫德里奇37岁了，梅西35岁了，本泽马34岁了，伊布拉希莫维奇甚至都已经40岁了，连"年轻"的内马尔都已过而立之年。年华易逝，这是"足球之神"也无法阻挡的命运。

　　在2022年卡塔尔世界杯上，诸"神"的黄昏如期而至。

　　什么是黄昏？在某种程度上，它是一个告别的词。什么是眼泪？在球场上，有时候它就是身体输掉的象征。但是，身体可以输，眼泪可以流，精神却不能输，意志也不能消沉。诸"神"的使命与宿命，就是征服世界，哪怕这将是最后一搏，他们也要毅然决然地踏上荣耀的征途。

　　是谁敲响了那编钟，奏出一曲诸"神"的离歌？

看清强悍的命运又如何？无法抗争又如何？在这诸"神"黄昏的时代，我依旧是你们狂热的"信徒"。因为你们的"封神之路"，也就是我们的"青春之旅"。"神"在最后歌唱，我们的青春也即将谢幕。

这场谢幕，从海湾球场的黄昏开始，一直到卢塞尔地标球场的灯火亮起。最后高潮上演，也许是"旧神"奏凯，也许是"新神""登基"。

随后，灯火熄灭，万籁俱寂，在黎明来临之前，一场无声而平静的告别已然发生。第二天清晨，当我们醒来时，地球照样会自转，足球依旧是黑白，但众"神"已经退场，青春已经谢幕。

这一刻，多少故事再也回不去了。

克里斯蒂亚诺·罗纳尔多

生日：1985 年 2 月 5 日

代表球队：葡萄牙队

孤勇者

"爱你孤身走暗巷，爱你不跪的模样，爱你对峙过绝望，不肯哭一场。"

当这首《孤勇者》响起时，你是否想起一位球星？他的名字叫C罗。这么多年来，他不知经历过多少低谷、挫折、绝望，却从未低头，依旧保持着那份孤勇。

在他的身上，有着太多的争议，爱他的人将他奉若神明，恨他的人将他贬得一文不值，但他从未向谁投降，而是冲着嘲笑、讽刺、质疑，发出最有力的怒吼，用经过千锤百炼的血肉之躯，堵住挫折磨难射来的万千子弹。

■ 不过，他确实哭过。

2004年欧洲杯决赛葡萄牙队输球，他泪珠没有断过，哭红了双眼。2006年世界杯，葡萄牙队被法国队淘汰，他单手掩面，哭得像个孩子。2010年世界杯，葡萄牙队止步十六强，他无语问苍天，再次流下英雄泪。2016年欧洲杯决赛，他因伤早早退场，坐倒在地，任由泪水打湿蝴蝶的翅膀。

此后他擦干眼泪，继续战斗，不停地战斗，拿下了一座又一座冠军奖杯。2016年，他实现了国家队大赛首冠的梦想，2019年，他带领葡萄牙队问鼎欧洲国家联赛。而五座欧洲冠军联赛（以下简称欧冠）的奖杯和数不尽

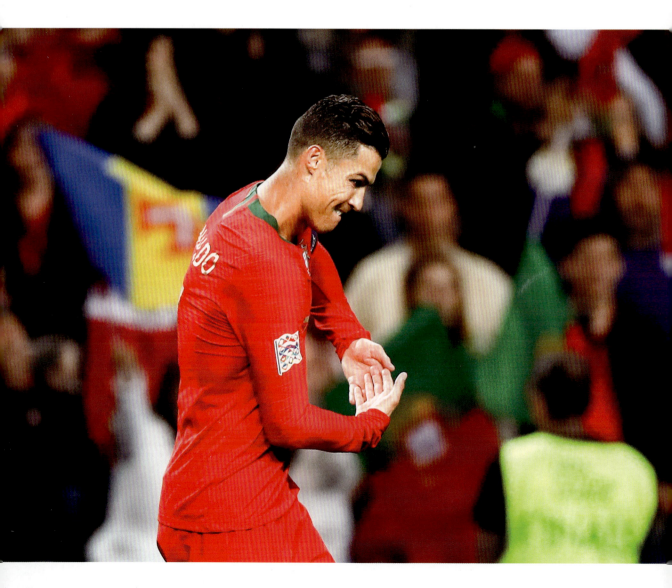

的欧冠纪录，更是让他成了名副其实的"欧冠之王"。

蝴蝶终究飞过了沧海。

■ **诚然，他还有着最后的追逐。**

国家队历史射手王、世界足坛历史射手王，这一个个后人似乎难以企及的纪录，都只是C罗前进路上的一个个节点。他在赢得荣誉的同时，又在渴望新的荣誉。即使黄昏渐渐来临，他似乎也没有停下脚步。

如果想要成为"史上最伟大球员"，没有"之一"，C罗还差一个冠军，就差这一个冠军——世界杯冠军。所以，对于已经37岁的C罗来说，职业生涯的最后一个目标就是捧起大力神杯。

这最后一战，战吗？战啊！这最后一战，赢吗？不一定。

2022年卡塔尔世界杯，他也许能够奏凯归来，"球王"加身；也许又以铩羽而归告终，他和他的球迷就此江湖别过。

■ **结果如何，重要吗？**

他在足坛二十载的巅峰岁月，已经让我们的青春五彩斑斓，这就是克里斯蒂亚诺·罗纳尔多。

利昂内尔·梅西

生日：1987 年 6 月 24 日
代表球队：阿根廷队

追梦人

　　梅西闭上双眼，露出沉醉的笑容，嘴唇轻轻贴上了它，献上深深的一吻。

　　那么多年的等待，终于在2021年7月11日那一天迎来了最完美的结果：梅西终于夺得了国家队生涯的第一个大赛冠军，在C罗捧起欧洲杯冠军的5年之后。

　　2022年6月6日，梅西再次深情注视着一座冠军奖杯，那是欧洲杯与美洲杯冠军的王者对决——"欧美杯"的胜利果实。但是在他眼中，这座奖杯渐渐幻化成了大力神杯。他多么希望，在2022年12月18日的那个夜晚，这一幕能够重现。

■ 大力神杯，曾经距离他那么近，如今又那么远。

2014年世界杯决赛过后，梅西来到颁奖台前，无比近距离地凝视它，却只能黯然神伤地与它擦肩而过。那一幕被摄影记者抓拍到，那透露着悲伤的眼神，让全世界的球迷为之心碎，哪怕你不是梅西的球迷。

■ 2022年6月24日，是梅西35周岁的生日。

那一天，国际足联的中文官方账号在社交媒体上向他送出祝福，并称他为"球王"。这是C罗也没有享受过的待遇。但梅西深知，想要真正成为无可争议的"球王"，就必须亲手捧起那座大力神杯，就像"球王"马拉多纳那样。

■ 是的，不知不觉间，梅西35岁了。

现在的梅西，恐怕再也无法复制年轻时过五关斩六将、不破楼兰终不还的速度与激情，但他的传球变得出神入化，他的领袖气质得到进一步升华。也许他已经不是最好的"梅球王"，但却是最好的阿根廷队队长。

还记得梅西年度91球破纪录的旷世神迹吗？还记得他获得7座金球奖的盛世荣耀吗？梅西之所以是梅西，正是因为他的无与伦比，以及他缔造的那些"不可能"。在我们的脑海里，梅西好像还处在他的芳华时代，但殊不知，黄昏也已悄然来临。

■ 4年之后，39岁的梅西还会参加世界杯吗？

我们不知道，连他自己也未必知道。但毫无疑问，35岁的他还没完全走下职业生涯的巅峰，所以这一次，他将继续追逐，去完成他未尽的梦。

■ 结果如何，重要吗？

如果成功，那么他将正式成为"球王"。如果失败，我想，他还是梅西，依然无可挑剔。

猩猩相惜

内马尔

生日：1992 年 2 月 5 日
代表球队：巴西队

爱之深

■ **2月5日，是C罗的生日，也是内马尔的生日。**

C罗是"绝代双骄"之一，过去20年世界足坛的"前二"。内马尔呢？曾经是最接近"梅罗"的"足坛第三人"，但却始终无法逾越面前的两座大山。

■ **爱之深，责之切，恨铁不成钢，因为我们见过那个最好的内马尔。**

桑托斯队的"内少"，盘带技术之华丽炫目，令人叹为观止，当世不做第二人想。巴塞罗那队的内马尔，发挥丝毫不逊梅西、苏亚雷斯，186场比赛、105个进球、76次助攻的成绩单令人咋舌，欧冠巴塞罗那队6：1逆转巴黎圣日耳曼队一战的2个进球、2次助攻，更让他拥有了接班"梅球王"的资格。

■ **爱之深，责之切，恨铁不成钢，因为我们也见过他的天赋一步步流失。**

2017年夏天，内马尔为了走出梅西的"阴影"，转投巴黎圣日耳曼队。然而当2.22亿欧元的转会费让他真的成为"世界第一人"时，他却从此开始担负不起盛名带来的重压。场外的不自律消磨着他的斗志，频繁的伤病侵蚀着他的身体，曾经恣肆张扬的灵气逐渐消散，那个染着金发、才华横溢的"内少"不见了，有的只是蓄满胡须、脚步沉重的内马尔。

■ **在巴西队，他或许早就是"第一人"了。**

"贝利二世"的美誉，早已不被人提及。犹记得2014年世界杯上，他那让人心碎的泪水，但这就是命运。在巴西这块土地上，球星并不那么受宠，因为他们有太多的"球王"。或许当"五星巴西"变成"六星巴西"的时候，内马尔就真的成为巴西英雄了，但这谈何容易。

■ **内马尔已经30岁了。**

老吗？当然不。他似乎还可以再踢一届世界杯，2026年他也才34岁。但是他自己表示，2022年会是他的最后一届世界杯。

年轻吗？更不。他在巴黎圣日耳曼队的队友基利安·姆巴佩，只有23岁，却在4年前就已经捧起了大力神杯。

正所谓"三十而立"，内马尔，请像个战士一样去拼搏！去奋战！去挥洒热血！去激发天赋！

毕竟，你还有机会，在"梅罗"老去的现在，去冲击"当世第一人"的王座！

加雷斯·贝尔

生日：1989 年 7 月 16 日
代表球队：威尔士队

"大圣"归来

■ **2022年5月29日的那个夜晚，法兰西大球场。**

34岁的贝尔坐在那里，满眼都是自己30岁时的模样。就在4年前，对手也是利物浦队，他在赛场上展现出腾云驾雾、倒挂金钩、飞火流星般的实力，简直如"齐天大圣"降临一样。

谁曾想仅仅4年之后，一个筋斗翻出十万八千里的"大圣爷"，如今竟成了一个看客？于是，贝尔脱下了属于皇家马德里队的白袍，挥了挥衣袖，带着五座欧冠的冠军奖杯，离开了伯纳乌。

■ **从核心沦为鸡肋，34岁便远走美国"养老"。**

这还是人们心中那个"踏碎灵霄，放肆桀骜"的"美猴王"吗？也许在伯纳乌，他真的已经不是了，但在威尔士队，他还是，而且当之无愧。

是他，在小组赛三连击，用任意球攻破英格兰队球门，带领"红龙军团"杀入了2016年欧洲杯的四强，创造队史最佳战绩；是他，6场世预赛贡献5个进球、3次助攻，附加赛半决赛梅开二度，决赛制造乌龙球，填补了威尔士队长达64年的世界杯正赛空白。

也许贝尔真的已经不再适合皇家马德里队，也不再适合欧洲联赛，甚至连欧冠冠军也不再是他的追求。但是，只要披上那身红色战袍，他的血就会重新沸腾、燃烧，就像是孙悟空穿上了锁子黄金甲，踏上了藕丝步云履，戴上了凤翅紫金冠，举起了如意金箍棒。

那一刻，大圣归来；这一棒，让对手灰飞烟灭。

■ **"这是我的第一次世界杯之旅，也很可能会是唯一的一次。"**

说这话时，贝尔的语气透露着一丝伤感，卡塔尔世界杯结束之后，他很可能会就此退出威尔士队。而远走美国踢球，让我们目睹他风姿的机会又少了许多。所以，祝福贝尔在世界杯上好运吧，恭迎"大圣"！

卡里姆·本泽马

生日：1987 年 12 月 19 日

代表球队：法国队

淬火成"神"

■ "银鞍照白马，飒沓如流星。"

如果看过今年的欧冠淘汰赛，你很难不用《侠客行》里的这句"十步杀一人"来形容本泽马的表现。巴黎圣日耳曼队、切尔西队和曼城队，都成了他"剑下的亡魂"，连场帽子戏法，更堪称"意气素霓生"。

■ "事了拂衣去"，却"难藏功与名"。

他已经是全世界公认的最优秀的球员，至少在2022年是，没有之一。追平C罗的第五座欧冠冠军奖杯，以及即将到来的第一座金球奖，便是最好的证明。是的，今年的金球奖得主，谁与争锋？

■ 时针退回到4年之前。

当本泽马捧起自己的第四座欧冠冠军奖杯时，他的外号还是"本泽猫""背锅侠"。皇家马德里队欧冠三连冠？那是C罗和贝尔的功劳。欧冠决赛的进球？那是卡里乌斯失误送的大礼。法国队勇夺世界杯冠军？跟他更是没有一点儿关系！或者反过来说，正是清除了他这颗"毒瘤"，"高卢雄鸡"才变得空前团结。

可当C罗离开皇家马德里队，当"BBC"组合一去不复返，人们才知道本泽马究竟有多么可贵。

他向来无私，从不贪功，为队友做"嫁衣"时毫无怨言，需要自己挺身而出时又义无反顾。当"银河战舰"褪去华丽的外衣，他终于成为那根撑起庞然巨躯的脊梁。

不知不觉间，"本泽猫"早已成为"本泽虎""本泽哥斯拉""本泽神"。现在，他已经证明了自己绝不仅仅是C罗的小弟，而是能够独当一面、力挽狂澜、决定比赛胜负的超级巨星。

■ 但还没有证明：有了本泽马，法国队是否可以问鼎世界杯？

去年的欧洲杯，他已经失败过一次，"黑粉"们又找到了攻击他的理由，"都怪本泽马"。那么2022年世界杯呢？对于34岁的本泽马来说，还能有几次触摸大力神杯的机会呢？

也许，这就是最后一次了，他不想再错过。

罗伯特·莱万多夫斯基

生日：1988 年 8 月 21 日
代表球队：波兰队

神锋出征

神锋出征

■ 当今足坛的"世一锋"是谁？

　　不是梅西，不是C罗，也不是本泽马，而是莱万多夫斯基，因为在过去的3个赛季里，他一共为拜仁慕尼黑队打入153球，全世界所有球员，无人能够与之匹敌！

　　我们早就知道莱万多夫斯基很厉害，却没想到他竟然这么厉害。毕竟，他看起来真的没有"巨星相"：面庞棱角分明，却没有那么英俊潇洒；技术朴实无华，丝毫没有让人拍案叫绝的欲望；生活低调，感情和睦，妻子也是练体育的，两人的故事既不煽情，也不狗血，毫无"流量"可言。

■ 然而，重剑无锋，大巧不工。

　　就是这样一个如此"平凡"的球员，却用9分钟5球的纪录闯入了全世界球迷的视野，被尊称为"九五之尊"；他用平均每年50粒进球，傲视足坛"前锋之林"。连续两年当选世界足球先生，是"世一锋"获得的最佳认可；而连续两年无缘金球奖，只是命运对他的不公，在人们心中，他绝对配得上这一荣誉。

■ 可是，从未在世界杯上进过球的前锋，真的可以算是"世一锋"吗？

　　34岁的莱万多夫斯基，2018年才第一次登上世界杯的舞台，三场比赛，两手空空，一球未进，难免"停杯投箸不能食，拔剑四顾心茫然"。

■ 2022年，他的第二次世界杯之旅终于来了。当然，这也很可能是最后一次。

　　虽然夺冠当是奢望，出线已属成功，但莱万多夫斯基需要进球，需要在卡塔尔的球场上破门得分，"愿将腰下剑，直为斩楼兰"，方能证明"世一锋"并非浪得虚名。

■ 但是事实无法改变。

　　在莱万多夫斯基的身边并没有那么多实力强劲的队友，这就更需要他拿出"个人英雄主义"，像真正的"世界第一前锋"那样，"会挽雕弓如满月，西北望，射天狼"。

卢卡·莫德里奇

生日：1985 年 9 月 9 日
代表球队：克罗地亚队

"魔笛"悠扬

那时候，莫德里奇还不是我们熟知的世界足球先生、金球奖得主、世界杯亚军和欧冠冠军球员。

战火纷飞的乱世，贫穷困苦的山区，这个瘦小的扎达尔少年，只能在放羊的间隙憧憬美好却又遥远的未来。"格子军团"在1998年世界杯上书写的奇迹，为他指引了方向，于是他决定追随前辈的脚步，走出山区，用双脚丈量整个世界。

■ 于是，征程就这样开始。

从萨格勒布迪纳摩队到托特纳姆热刺队，从白鹿巷到伯纳乌，一头金发、长相斯文的莫德里奇，瘦削的身体里却释放出巨大的能量，更蕴藏着惊人的足球智慧。

在英格兰足球超级联赛（以下简称英超）的"肌肉森林"里，他用精灵一般的舞步戏耍着对手，跳出了属于自己的华尔兹，让人想起了另一位球风优雅、秀发飘逸的巨星——约翰·克鲁伊夫。而在皇家马德里队球迷挑剔的目光中，莫德里奇闲庭信步，掌控全局，用一次次轻巧的过人摆脱对方防守，用一次次精妙的传球撕开对手防线；金发一甩，眼神一瞥，脚腕一抖，助攻应运而生，进球水到渠成——就是这么简单，就是这么优雅，就是这么从容。

■ 于是，他有了一个恰如其分的绰号——"魔笛"。

笛声悠扬，青了杨柳，老了少年。2018年，32岁的莫德里奇终于登上了职业生涯的巅峰：欧冠三连冠，世界杯亚军，世界杯金球奖，世界足球先生。他拿下的这个金球奖，打破了梅西和C罗对足坛个人荣誉的绝对垄断。但在领奖时，他还是那么腼腆、那么羞涩，来自扎达尔的白衣少年，没有一丝丝改变。

■ 四年之后，莫德里奇已经36岁了。

他是皇家马德里队"典礼三中场"里年纪最大的那个，却也是最擅长使用"魔法"的那个。当"魔笛"第五次捧起欧冠奖杯的时候，他的笑容终于不再那么含蓄，不过，若能在卡塔尔的赛场上重现四年之前的壮举，想必他的笑会更灿烂吧！

路易斯·苏亚雷斯

生日：1987 年 1 月 24 日

代表球队：乌拉圭队

"天使""魔鬼"

■ 他是"天使"。

他技术精湛，射术超群，个人能力极其出众，先后征服了安菲尔德、诺坎普和卡尔德隆等球场，能与梅西、C罗、内马尔相提并论。

■ 他也是"魔鬼"。

他在世界杯上咬伤了意大利人吉奥吉奥·基耶利尼的肩膀，在英超赛场上咬伤了塞尔维亚人布拉尼斯拉夫·伊万诺维奇的胳膊，在"双红会"上种族歧视法国人帕特里斯·埃弗拉，甚至曾经被建议去看心理医生！

■ "天使"？"魔鬼"？"苏牙"？"苏神"？到底哪个才是真正的苏亚雷斯？

或许2010年世界杯上用手挡出对手射门的那个，被红牌罚下后在球员通道门口看到对手罚丢点球振臂高呼的那个，才是真正的他。

蒙得维的亚的贫民窟在他小时候就教会了他这样的道理：为了赢得胜利，要不择手段，并随时准备付出一切，乃至牺牲自己。哪怕加纳人直到现在仍然耿耿于怀——"那个欺骗了我们的人在疯狂庆祝，我们绝对不可能原谅他"——他也在所不惜，毫无悔意。

■ 就是这个"天使"与"魔鬼"的结合体，在12年前将乌拉圭队带入了世界杯四强。

他当年的好搭档、老大哥迭戈·弗兰已经挂靴，12年之后的今天，苏亚雷斯需要撑起两届世界杯冠军的门面，尽管他自己也已经35岁了。

2022年夏天，在苏亚雷斯宣布离开马德里竞技队之际，俱乐部主席塞雷佐称赞道："他是世界上最好的9号。"是不是最佳9号还存在争议，但鼎盛时期的苏亚雷斯，绝对是世界上最优秀的前锋之一，这点毫无疑问。

■ 如今，他要离开欧洲，回到南美足坛了。

在那里，苏亚雷斯也许能找回踢球的真正快乐，找到更好的竞技状态，然后在卡塔尔的赛场上再次惊艳世界。人们有多恨"魔鬼苏牙"，就有多爱"天使苏神"，人们衷心希望，在正式退役之前，他留给足球世界的，会是更多美好的画面。

曼努埃尔·诺伊尔

生日：1986年3月27日
代表球队：德国队

"门卫"之神

■ 门将，是球场上最重要的位置之一，也是最孤独的位置，没有之一。

他们的名字天生与"进攻"无缘，与"防守"为伴。当本方球员在球场的另一边破门，他最多只能握紧双拳，大吼一声，然后孤独地看着队友们一起拥抱庆祝；当对方球员在球场的这一边破门，他却总是最直接的"背锅侠"，电视画面里，懊丧的脸孔清晰可见。

■ 直到有一天，诺伊尔出现了，颠覆了这一切。

他是进攻的发起者，所有的进球都始于他的脚下。他是半座球场的主宰，站在中线的场景令所有人目瞪口呆。他是门将，也是后卫，还是中场，他一场比赛的传球次数可能比对方的前锋还要多。他重新定义乃至发明了一个位置——"门卫"，而迄今为止，足坛还没有出现第二个他。

■ "巴西的国土有一半以上被热带雨林覆盖着，另一半被诺伊尔覆盖着。"

这是2014年世界杯上，球迷对诺伊尔的称赞。他一次次地冲出禁区，化解险情，7场比赛一共只丢了4球，最终帮助德国队第4次问鼎世界杯，他本人也荣获了金手套奖。在颁奖典礼上，他和世界杯金球奖得主梅西的握手，也尽显两人的惺惺相惜。

从国家队到俱乐部，从世界杯决赛到欧冠决赛，从梅西、C罗到莱万、本泽马，诺伊尔已经不知面对过多少世界级前锋。远的无须再提，就在两年之前，面对姆巴佩、内马尔等球员的"狂轰滥炸"，他做出3次精彩扑救，铸就起一道"叹息之墙"，力保"城门"不失，为拜仁慕尼黑队第六次捧起欧冠冠军奖杯立下汗马功劳。

■ 转眼间，诺伊尔已经36岁。

即便对于一位门将来说，这也算得上是"高龄"。但他依然是"南部之星"的支柱，率队豪取德国足球甲级联赛十连冠；更是"钢铁战车"的领袖，向着自己的第二座大力神杯发起冲击！

从巴西到卡塔尔，"门卫"面向的，永远是前方。

蒂亚戈·席尔瓦

生日：1984 年 9 月 22 日

代表球队：巴西队

老骥伏枥

■ 这是一段充满奇迹的旅程。

17岁时，他因为还没有拿到职业球员的合同，在退学踢球和继续学业之间徘徊。26岁时，在以防守著称的AC米兰队，他已经成了"世界第一中后卫"。28岁来到巴黎圣日耳曼队，他成为豪门新贵的后防领袖。35岁才加盟切尔西队，他却能迅速适应英超，并在36岁夺得梦寐以求的欧冠冠军。而现在，他要像保罗·马尔蒂尼那样踢到41岁！

所以，当你听到蒂亚戈·席尔瓦还是巴西队的主力中卫时，就不需要感到惊讶了。尽管"桑巴军团"近些年来涌现出了不少优秀的中后卫，但9月份就年满38岁的"弟媳"，地位依然是不可撼动的。

年轻时，他"步行可夺胡马骑"，凭借出色的身体天赋就能荣登"世一卫"宝座。

待到年长，身体机能下降，他反倒老当益壮，因为他的经验更丰富了，能力得到了提升，球商和境界也更高了，所以哪怕是"贺兰山下阵如云，羽檄交驰日夕闻"，他亦能"试拂铁衣如雪色，聊持宝剑动星文"。

■ 更何况，蒂亚戈·席尔瓦的心中还藏着永远的痛。

2014年在巴西本土举办的世界杯上，他因为累计黄牌停赛而缺席与德国队的对战，结果如你所知："桑巴军团"惨遭1：7"屠戮"，被钉上了历史的耻辱柱！

如果当时"弟媳"尚在，比分是否会如此不堪？甚至结局是否会截然相反？我们不得而知，他自己更不得而知，所以才更加不能原谅自己。

从那之后，他一直在等待复仇的机会，没想到2018年旧仇未报，又添新恨：巴西队被比利时队淘汰出局，止步八强！那么2022年，蒂亚戈·席尔瓦能否如愿以偿呢？

其实能否再战"钢铁战车"和"欧洲红魔"已经没有那么重要了，对于曾经的"世一卫"来说，若能在自己的最后一届世界杯上第一次捧起大力神杯，那才是真正的圆满。

塞尔吉奥·布斯克茨

生日：1988 年 7 月 16 日

代表球队：西班牙队

"定海神针"

布斯克茨就像没有歌词的西班牙国歌，几乎没有合适的词语能够形容他，以及从他双脚之下流淌出的"足球之曲"。

他奔跑的速度不快，但总能快人一步地做出动作；他很高，却有着不输矮个儿球员的灵巧；他更没那么强壮，甚至看起来像根竹竿儿，却总能以柔克刚，四两拨千斤。

他是巴塞罗那队奢华阵容里最朴实、最低调的那颗星，却总能用最优雅的方式，奏出最美妙的音符，于是就成了"球盲过滤器"。

他镇定自若，从容不迫，泰山崩于前而色不变；他任劳任怨，脏活累活也大包大揽。他是"哈布白"里的那个"布"，也是坐镇防线的那枚"定海神针"。

哈维已执起巴塞罗那队的教鞭，伊涅斯塔已远赴东洋，梅西也被迫远走他乡，唯有布斯克茨仍在守护着诺坎普，践行着一生红蓝的誓言："忠诚坚守，才是最长情的告白。"

12年前捧起大力神杯时，布斯克茨只有22岁，正青春年少，风华正茂。12年时间过去了，34岁的"布教授"模样、发型、身材似乎都没有什么改变，但跑得的确更慢了。不过，巴塞罗那队和西班牙队仍然少不了他，甚至比以前更需要他。

因为当球队处于巅峰时，布斯克茨总是慢慢后退，退到无人在意的阴影里，独自享受着成功的喜悦；而当球队陷入低谷时，他却总是挺身而出，成为俱乐部和国家队的双料队长，肩负起艺术足球复兴的重任。

2022年世界杯赛场上，面对公认的"死亡之组"，面对德国队、日本队这样的强敌，年轻的"斗牛士军团"将会面临极其严峻的考验。不过小伙子们不用慌，因为在你们的背后，有一个最值得信任与依靠的老大哥。而在布斯克茨眼中，佩德里、加维就是当年的自己，自己则是当年的哈维。

佩佩

生日：1983 年 2 月 26 日
代表球队：葡萄牙队

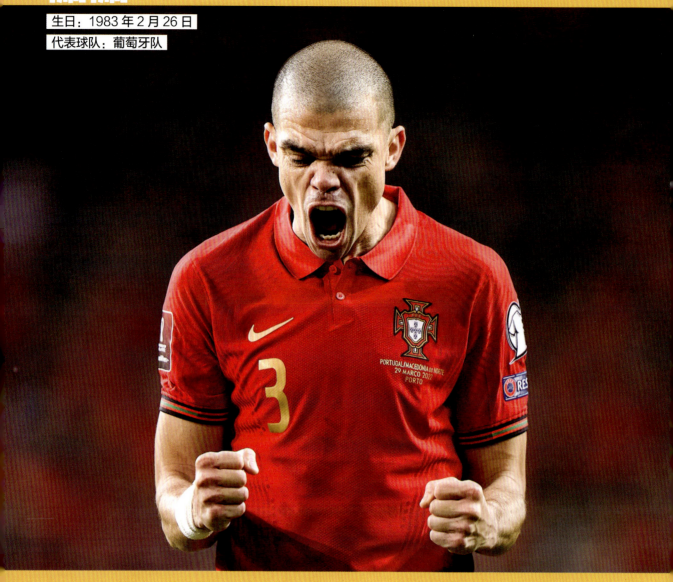

"武僧"的最后一战

　　"武僧"是你闯荡江湖的名号。这个名号听起来凶神恶煞，造成了人们对你的些许误解。你并非天生恶人，也绝非心无善念，只是那一刻，为了胜利，为了球队，为了队友，你只能迎难而上，哪怕背负骂名。等到你 39 岁，人们才开始对你肃然起敬，赞美你老而弥坚，称颂你不可或缺。但是，这已经是你的最后一战了，为了大力神杯，你依然可以牺牲一切，再次变身"武僧"，"神挡杀神，佛挡杀佛"。

"天使" 再展翅

　　"天使"在飞翔，翅膀划过伯纳乌的上空，在"梦剧场"短暂停留，又在王子公园重新起航。而蓝白色的羽翼，也在去年夏天镀上了一层黄金。那个美洲杯冠军，是梅西的国家队大赛首冠，也是迪马利亚的，是他在决赛的"一剑封喉"，成全了自己，成全了梅西，成全了阿根廷队。现在，就只剩下世界杯了。2022年卡塔尔世界杯结束之后，迪马利亚就要退出国家队了。所以，"天使"必须最后一次挥动翅膀，在卡塔尔赛场的长空翱翔，向2008年和2021年的自己致敬。

安赫尔·迪马利亚

生日：1988年2月14日
代表球队：阿根廷队

奥利维耶·吉鲁

生日：1986 年 9 月 30 日
代表球队：法国队

"天王盖地虎"

　　"天王盖地虎，我有大吉鲁。"这不是一句谬赞，谁用过谁知道，不信问问阿森纳队和AC米兰队，当然还有法国队。四年前那如梦似幻的冠军之旅，勒石记功者23人，吉鲁也许是其中最不耀眼的一个，长相朴实无华，球风格外"闷骚"，但他的战术贡献是无价之宝。如果没有他在最前面冲锋陷阵，怎么会有姆巴佩和格列兹曼的风流倜傥？随着本泽马的回归，吉鲁已经沦为替补，但他的丰功伟绩，会在2022年世界杯再次被人提起。

"纳"墙依然在

"纳"堵墙，"纳"扇门，是"纳"么不可逾越。纳瓦斯1.85米，身材算不得伟岸，但他腾空而起、轻舒猿臂的英姿，是"纳"么美妙动人。皇家马德里队欧冠三连冠，他是后防线上最可靠与值得信赖的"纳"个人。来到巴黎圣日耳曼队，他也能把欧洲杯冠军小将詹路易吉·多纳鲁马挤到替补席。而现在，纳瓦斯要的是重现2014年世界杯时"一夫当关，万夫莫开"的风采：面对16次射正，扑出14次，率领哥斯达黎加队淘汰英格兰队和意大利队，历史性地闯入八强！

凯洛尔·纳瓦斯

生日： 1986 年 12 月 15 日

代表球队： 哥斯达黎加队

"世一中"的进击

　　"谁是世界第一中场？"如果德布劳内说自己是第二，那么这个问题恐怕就没有了答案。"开了天眼"的视野，出神入化的脚法，妙到毫巅的弧线；心细如发的穿针引线，承前启后的铺路搭桥；长枪短刃，细腻粗犷，"静若处子，动如脱兔"，这些说的都是德布劳内，我称之为"大师"。"大师"德布劳内已经完成了英超两连冠，平生所愿，唯有大耳朵杯和大力神杯。比利时队的黄金一代，也将迎来最后的篇章，而音符如何奏响，就要看他如何弹唱。

凯文·德布劳内

生日：1991年6月28日

代表球队：比利时队

托马斯·穆勒

生日：1989 年 9 月 13 日

代表球队：德国队

"二娃" 不 "二"

你真的以为"二娃"只是搞笑能手吗？若真这么想，那就太"搞笑"了。请记住：托马斯·穆勒是仅用两届世界杯就打入10球的高效射手，是2014年世界杯的银球奖和银靴奖得主，即便已经33岁，他上个赛季依然贡献了13个进球、22次助攻，成为拜仁慕尼黑队的队内最佳球员。他在时，人们不以为意；他离开时，人们才知珍惜。幸运的是，他又回到了国家队。穆勒的第三届世界杯，他还能进6球甚至收获更多吗？提醒一下：克洛泽保持的世界杯历史进球纪录是16球。

埃丁森·卡瓦尼

生日：1987 年 2 月 14 日

代表球队：乌拉圭队

张弓 搭箭会有时

在迭戈·弗兰面前，卡瓦尼曾是小弟；同龄的苏亚雷斯，是他的兄弟；如今，他也有了自己的小弟：利物浦队花费1亿欧元签下的达尔温·努涅斯。从2010年到2022年，变的是12年的青春岁月，不变的是那一头飘逸的秀发。变与不变之间，2018年"才"发明的张弓搭箭，已经成了卡瓦尼标志性的庆祝动作，但他还没有机会在世界杯的赛场上展示。"背弯团月无留意，秃鸽老鹰应弦坠"，我们期待这一幕的到来。

"水爷"归来？

　　恐怕谁也不会想到，拉莫斯有一天会离开皇家马德里队，就像现在谁也无法预料他还能否重回国家队。过去一个赛季，因为伤病，"水爷"只为巴黎圣日耳曼队踢了13场比赛，但他依然没有放弃第五次出战世界杯的梦想。毕竟，他已经以17次的世界杯出场纪录追平了卡西利亚斯，他们俩是并列的队史第一人，而拉莫斯只要再上一场，这个纪录就能独属于他自己了。"斗牛士"后防线的青黄不接，是否能让主教练恩里克低下倔强的头颅？要不，就想想那一次次门线救险，那一次次头球叩关吧。

塞尔吉奥·拉莫斯

生日：1986年3月30日
代表球队：西班牙队

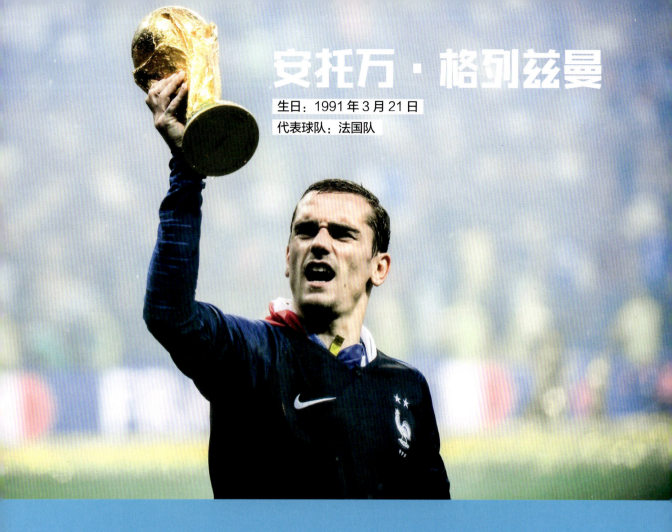

安托万·格列兹曼

生日：1991 年 3 月 21 日
代表球队：法国队

"优雅骑士"

　　四年前，他是卢日尼基球场最耀眼的那颗星：用任意球制造曼朱基奇的"乌龙"，点球破门扳平比分，助攻博格巴扩大比分。如果没有格列兹曼，很难想象法国队能否捧起大力神杯。潇洒的球技，俊秀的面庞，更是让他吸粉无数。然而从那之后，他似乎一下从巅峰跌落到谷底：1.2亿欧元的巨额转会费让格列兹曼在诺坎普球场负重前行，美梦最终变成了梦魇。四年之后的今天，我们不禁要问：那个优雅的"高卢骑士"还会回来吗？

"二爷"还是"二爷"

　　曾经，你是世界第一右后卫，但几年前，很多人就说你已经老了。这么想很正常吧？你离开巴塞罗那队时已经33岁，36岁回到巴西，不是"养老"又是什么？可是谁又能想到，38岁的你还能夺得奥运金牌，还能重返诺坎普，再披红蓝衫？谁能想到，39岁的你还能再战世界杯，还要去追逐第47个冠军头衔、继续刷新自己保持的历史纪录？你的技术还是如此精湛，脚法还是如此华丽，老练也更胜往昔。就算不爱你的人也得感叹：你"二爷"，终究还是你"二爷"。

达尼·阿尔维斯

生日：1983年5月6日

代表球队：巴西队

没有你的黄昏

诸"神"仍在黄昏中战斗，头颅依旧高昂，瞳仁中有寂寞、有苍凉、有疲惫、有不甘、有渴望，但至少还能战斗，至少还可拥有，至少还在维护着"神"的骄傲与尊严。而有些曾经与他们或并肩作战、或对决疆场的"神"，却已经"陨落"，与世界杯说了最后的再见。

兹拉坦·伊布拉西莫维奇

生日：1981 年 10 月 3 日

代表球队：瑞典队

人生两苦，想要却不得，拥有又失去。21岁的基耶利尼错过了2006年世界杯夺冠，原本以为还有大把的时光可以重来，谁料37岁的他，却在夺得欧洲杯冠军不到一年之后，就与大力神杯彻底诀别。

从基耶利尼手中接过队长袖标的莱奥纳多·博努奇也已经35岁了，他还会有下届世界杯吗？看着左脚的"锈迹斑斑"，他怎能不心生感叹？32岁的意甲（意大利足球甲级联赛）金靴奖得主奇罗·因莫比莱亦发出这般感叹，亚平宁半岛是他纵横驰骋的天地，却恨一离此地他就脚软。

吉奥吉奥 · 基耶利尼

生日：1984 年 8 月 14 日

代表球队：意大利队

阿莱克西斯 · 桑切斯

生日：1988 年 12 月 19 日

代表球队：智利队

　　35岁的阿图罗·比达尔斗志昂扬，犹如一头眼睛会喷火的公牛，然而对手强悍的实力使希望之火在他眼中一点点熄灭，化为灰烬。

　　33岁的阿莱克西斯·桑切斯瘫倒在地，无力安慰自己的队友，因为他的目光也早已充满了绝望，世界杯预选赛就像炼狱，让他肝肠寸断。

穆罕默德 · 萨拉赫

生日：1992 年 6 月 15 日

代表球队：埃及队

自诩为"上帝"的兹拉坦·伊布拉西莫维奇，不惑之年去而复归，却还是无法拯救瑞典队的命运，而他已经是最接近"神"的那个男人。米兰城的另一边，36岁的埃丁·哲科低头舔舐着伤口，哀叹着又一次的出局。

九百公里外的巴塞罗那，33岁的埃梅里克·奥巴梅扬好不容易从北伦敦逃离，却逃不过加蓬队无缘世界杯的宿命。还有"埃及法老"穆罕默德·萨拉赫，卡塔尔会因为没有他而失去许多光彩。而离开中超（中国足球协会超级联赛）之后一直浪迹天涯的马雷克·哈姆西克，34岁仍未第二次品尝世界杯的滋味，终于还是无奈地道了一声"嘿，伙计们！"之后，在2022年5月宣布退出国家队。

托尼·克罗斯

生日 1990 年 1 月 4 日

代表球队：德国队

　　哈姆西克是不幸的，又是幸运的，毕竟斯洛伐克队已经宣告无缘世界杯，他退了也便退了。而那些退出国家队，又看到昔日队友在卡塔尔的赛场上披荆斩棘的球星，心中不知是否会惆怅？

　　32岁的托尼·克罗斯一定会想起8年前高高举起大力神杯的那一幕吧？尽管一个月之前他刚刚举起了第五座欧冠冠军奖杯。35岁的杰拉德·皮克脑海中又是否会浮现出与拉莫斯联袂"血战"的动人画面？尽管两人在俱乐部是互喷垃圾话的死敌。

　　书写"莱斯特城童话"的杰米·瓦尔迪，在35岁的年纪，是否后悔自己太早退出"三狮军团"？还有31岁的乔尔·马蒂普，利物浦队的核心球员，却早在7年前就告别了"非洲雄狮"，看着那座金光闪闪的大力神杯，他是否真的忍心拒绝萨穆埃尔·埃托奥的劝说？

杰拉德·皮克

生日：1987年2月2日
代表球队：西班牙队

这诸"神"的黄昏，
我在雾与雨中孤寂地叹息，
可惜没有你。

青春谢幕，致敬老兵！

青春谢幕

萨迪奥·马内
生日：1992年4月10日
代表球队：塞内加尔队

维吉尔·范戴克
生日：1991年7月8日
代表球队：荷兰队

凯尔·沃克
生日：1990年5月28日
代表球队：英格兰队

阿隆·拉姆塞
生日：1990年12月26日
代表球队：威尔士队

尼古拉斯·奥塔门迪
生日：1988年2月12日
代表球队：阿根廷队

雨果·洛里斯
生日：1986年12月26日
代表球队：法国队

克里斯蒂安·埃里克森
生日：1992年2月14日
代表球队：丹麦队

约尔迪·阿尔巴
生日：1989年3月21日
代表球队：西班牙队

伊尔卡伊·京多安
生日：1990年10月24日
代表球队：德国队

扬·费尔通亨
生日：1987年4月24日
代表球队：比利时队

伊万·佩里西奇
生日：1989年2月2日
代表球队：克罗地亚队

菲利佩·库蒂尼奥
生日：1992年6月12日
代表球队：巴西队

谢尔丹·沙奇里
生日：1991年10月10日
代表球队：瑞士队

若昂·穆蒂尼奥
生日：1986年9月8日
代表球队：葡萄牙队

迭戈·戈丁
生日：1986年2月16日
代表球队：乌拉圭队

长友佑都
生日：1986年9月12日
代表球队：日本队

埃登·阿扎尔
生日：1991年1月7日
代表球队：比利时队

罗伯托·菲尔米诺
生日：1991年10月2日
代表球队：巴西队

鲁伊·帕特里西奥
生日：1988年2月15日
代表球队：葡萄牙队

费尔南迪尼奥
生日：1985年5月4日
代表球队：巴西队

布拉尼斯拉夫·伊万诺维奇
生日：1984年2月22日
代表球队：塞尔维亚队

亚历山大·科拉罗夫
生日：1985年11月10日
代表球队：塞尔维亚队

马尔科·罗伊斯
生日：1989年5月31日
代表球队：德国队

马科斯·阿隆索
生日：1990年12月28日
代表球队：西班牙队

布赖恩·鲁伊斯
生日：1985年8月18日
代表球队：哥斯达黎加队

维萨姆·本·耶德尔
生日：1990年8月12日
代表球队：法国队

卡斯帕·舒梅切尔
生日：1986年11月5日
代表球队：丹麦队

马鲁万·费莱尼
生日：1987年11月22日
代表球队：比利时队

恩戈洛·坎特
生日：1991年3月29日
代表球队：法国队

道格拉斯·科斯塔
生日：1990年9月14日
代表球队：巴西队

蒂亚戈·阿尔坎塔拉
生日：1991年4月11日
代表球队：西班牙队

············

谨以此书献给我们追逐的那段青春岁月